Aurore…

Pavillon K.

Première de couverture :
Dessin de Jacques Reverdy

Copyright Z4 Editions
ISBN : 978-2-490595-48-8

Aurore...

Pavillon K.

Denis Wetterwald

à la vie
et son imperfection
heureuse
à la vie
et ses hésitations
ses ballons lancés dans le vide
ses chants coincés dans la gorge
et sa démarche souvent bancroche
à la vie
et ses au-revoir
sans écho
écrasés sur le miroir dépoli du temps
à la vie
et l'élégance
de sa tonifiante finitude

des bruits de pas
comme une rumeur qui veut cacher
mais cacher quoi
une main sur une épaule
Allez… on va y arriver…
des mots vitrines qui ne veulent rien dire
des circonvolutions
Vous savez ?… On vous a dit ?
des circonlocutions
Alors que je vous explique…
mais on n'explique pas
on contourne…
on évite…
des surpoids de misère
des maigreurs diaphanes se croisent sans se voir
automates pris dans la nasse des peurs mal apprivoisées
et des désespérances mâchonnées lèvres closes
dans un silence conditionné
d'autres chuchotent
Et lui qui n'a rien dit…
des coulures de sourires
les stridences criardes des téléphones
blessent la pénombre de noms imprononçables et de mots
                                                          illisibles
une femme voilée de noir et son mari barbu
Allez d'abord au secrétariat, s'il vous plaît…
un brancard effleure le sol avec une élégance de patineuse
un jeune couple détonne dans cette lumière tamisée d'oratoire
                                                          désuet
comme s'il ne savait ce qu'il faisait là
et parle d'autre chose

pèse les mots au plus près
ne les abandonne pas au broussailleux
des peurs et des doutes
l'heure n'est pas au repli
tâche de faire bonne figure
n'encombre pas le quotidien
de tes angoisses
fi de la métaphysique
depuis longtemps tu sais le vide d'où tu viens
le néant où tu vas
pas même poussière
tu avances vers le rien
sois lui reconnaissant
qui balaie l'illusion
de ses vents galactiques
et au dernier moment
refuse la branche qui n'empêchera pas ta chute
l'arbre lui-même attend son jour
qui viendra
inéluctable

… alors on tente l'indifférence
de la réserve dans le geste
un livre à la main
quelques lignes
Yves Bonnefoy
L'Heure présente
le titre tombe à pic
dans ces minutes où le temps
s'appréhende dans toute son épaisseur
où chaque seconde pèse des jours des mois des années
les jours les mois les années qu'il reste à décompter
La maladie et la mort font des cendres [...]
Lègue-nous de ne pas mourir désespéré…
comment fais-tu poète
pour trouver le mot juste
au moment juste
foin du hasard
il n'existe guère
tu as raison poète
tout sauf le désespoir
en attendant on ne sait quelle vérité
malgré les cendres à venir
et le couperet bien affûté du maître d'œuvre
se tenir digne dans l'antichambre

allège-toi de l'encombrant
du poids des contraintes
de l'inutile devenu
décolle la terre de tes souliers
chasse tes humeurs mauvaises
fais le compte de tes déplaisirs et les jette au loin
retrouve la nudité du premier jour
sa victoire n'en sera que plus dérisoire

… et en attendant
regarder par la fenêtre
le monde qui se débat
et le plaisir de savoir vivant le plaisir
toujours et toujours
de savoir que des mains se cherchent sous le soleil
là aujourd'hui maintenant
la vie orgastique et ses cris et ses plaintes
là aujourd'hui maintenant
des peaux qui se frôlent
la sueur…
des jambes qui se nouent
là aujourd'hui maintenant
lèvres humides
bouches avides…
là aujourd'hui maintenant
pendant qu'ici les peaux
les bouches et les lèvres
se pétrifient doucement
aimez-vous amants inconnus !
vous savoir l'un dans l'autre
est un cadeau
un onguent sur la peur qui guette
aimez-vous amants inconnus !
à corps déployés
noyez-vous dans vos sèves et vos sucs
jusqu'au bout de la vie…
là aujourd'hui maintenant
aimez-vous amants inconnus !

laisse ta porte ouverte
laisse entrer l'harmattan la galerne
et leurs soubresauts d'impatience
jusqu'au cœur de ta chambre
laisse la musique de la pluie
dissoudre l'empilement bancal de tes jours
dans le cours résigné du temps
laisse les regards étrangers
fouiller l'informe des questions
- forteresse de papier -
et laisse entrer la nuit
tu sais qu'elle est chez elle
elle se montrera discrète
et presque indifférente
jusqu'à la faim
comme le lion et le gnou
complices
sous l'or bleu des savanes

… une voix…
oui… c'est moi…
un nom sur la porte qu'elle referme derrière elle
derrière moi
Aurore
elle s'appelle Aurore
ma première… Aurore
toute une vie passée sans… Aurore
sans voir les yeux d'Aurore
sans entendre la voix d'Aurore
il était temps
et Aurore le sait
qu'il était temps
qu'il est temps
grand temps peut-être
oui
malgré son nom comme sorti des limbes
elle sait Aurore
qu'elle va devoir affronter
- elle en a l'habitude -
le crépuscule
mon crépuscule
elle sait mais ne sait comment le dire
comment dire ce qu'elle sait sans le dire
- il faut du temps avant d'oser le vide -
comment le dire sans prononcer le mot
qui n'attend que ça
et qui s'en fout… le mot
sans prononcer le mot qui tue
comme si c'était le mot
ici
qui tuait
comme si nommer c'était condamner

                                            …/…

non
ici
le mot devrait être baume et caresse
mais je ne cherche ni baume
ni caresse
pas même celle d'Aurore
pas de consolation non plus
sirop douceâtre
désinvolture d'un sein offert par charité
ou pire par pitié
non

quand tu quitteras la lumière
borde-la de doutes
couche-la dans un linceul d'incertitudes
elle te survivra
triomphante
dans l'amour de la vie

l'amour vrai de la vie
et l'envie d'en finir quand vient l'heure
sont une seule et même chose
un même sentiment
celui de jouir du présent tel qu'il s'offre
quand il s'offre
sans vouloir lui forcer la main
ni le pousser dans les retranchements
d'une obscénité larmoyante
l'opalescence de l'énigme

... je suis devant Aurore
je veux savoir
et je me dis
Aurore
elle sait
oui
elle sait et va me le dire
elle va essayer
elle a essayé
sans le dire...
mais la journée n'est pas finie
ni la semaine
ni le mois
et puisqu'elle sait
me suis-je dit
quoiqu'elle fasse
quoiqu'elle taise
aujourd'hui
demain
moi aussi je saurai
ce qu'elle sait déjà
mais très vite j'ai su
que j'en saurai très peu
parce que
elle
Aurore
n'en sait pas beaucoup plus
de la journée qui s'annonce
semblable à toutes les journées
qui chaque matin chasse la nuit
pour l'affronter chaque soir plus opaque
et plus lourde

épouser les départs
des martinets noirs et leurs cris de démence
des bateaux repus qu'appellent les abysses
des paroles perdues dans la touffeur de l'ombre
les départs des jeunesses rongées de rouille sans passé
la mémoire larguée
épouser l'épuisement poussiéreux des pierres
les cadavres froids des rêves en allés
les solitudes infertiles
les fatigues de nos maisons agonisantes
les douleurs coites des fenêtres fermées
épouser l'envol
avant qu'il nous dépossède
de l'ivresse des départs

... Aurore en sait bien peu
du temps et des vents à venir
Aurore
peut seulement dresser la liste des possibles
énumérer les éventualités
poser des pronostics
planter des bornes
arrêter les limites à ne pas franchir
les doses à ne pas dépasser
échafauder le scénario
sans bien savoir sur quelle étagère
entre quels bocaux
sous quelle poussière promise
ranger mon cas
sans bien savoir s'il y a urgence
ou pas
s'il y a urgence à lancer la machine
machine à tuer
à tuer ce qui tue
la machine de la vengeance préventive
mais son silence parle contre elle
car elle en sait plus que moi
et plus qu'elle n'ose en dire

pas besoin de valise
ni boussole
ni sandwich
elle est au bout de la route
là tout près
elle attend
elle est patiente
pas exigeante
elle nous veut nu
tout nu
- ultime conseil de révision -
pour ne pas perdre de temps
en questions inutiles
pour n'avoir pas à nous faire les poches
et y trouver le papier du docteur
qui casserait le rythme dansant de la faux
et sa moisson joyeuse
« Le petit X doit garder la chambre
sa santé fragile ne lui permet pas
d'entreprendre un tel voyage
il ne s'en remettrait pas »
tout nu
elle nous veut nu
comme un ver
comme le ver qui nous mangera
à petites bouchées
dans le noir
à l'abri des regards
par mansuétude pour les proches

... et je me dis
Aurore
elle elle sait
je sais qu'elle sait
et elle sait
que je sais qu'elle sait
mais elle se tait
sait-elle que c'est
quand elle se tait
que je sais ce qu'elle sait
que je sens ce qu'elle sent
et que même sans elle
sans elle qui sait
sans que je sache tout ce qu'elle sait
je sais indiscutablement
que tout ce qu'elle tait
je le sens
et elle sait que je sais
que son silence ment
et que ses mots cachés
tous ces mots oubliés
mots jamais prononcés
sont les mots du tourment
de ne savoir jamais
en un mot comme en cent
de quoi demain est fait
et pourquoi et comment
cela a commencé
comment c'était avant
car je sais bien assez
qu'elle sait tout du temps
qu'il me reste à penser
ce qu'elle sait que je sens

.../...

indécent est celui qui sait
et qui se tait quand c'est le temps
de dire ce que voudrait savoir
celui qui cherche dans le noir
de ses nuits blanches
aveuglément
ce que sait qui sait et se tait
et qui oublie finalement
que tout se sait avec le temps
et je reste là
insensé
à me faire du mauvais sang
quand
elle elle sait

le jour où je saurai
- ce jour viendra avant longtemps -
tout ce qu'elle savait
et qu'elle m'aura tu
ce jour-là je saurai
ce que j'ai toujours su
et qu'elle aussi savait
que tout ce qu'on tait… tue

*que d'heures de patience par-delà les orages
de longues attentes à l'ombre du soleil
de regards perdus dans la brume
de retours dolents vers l'au-dedans de soi
pour espérer
partir heureux
si la vie a un sens
si la vie a un but
c'est bien celui d'une fin sans larme
sans vacarme
sans peur du noir à advenir
balloté par la brise de juin
sur le hamac des rêves encore à naître
avec aux lèvres
un sourire d'enfant
pour faire honte à la Parque
puis
donner au couperet
les ailes de la mésange en route vers le nid
qu'il fasse son œuvre
bienfaisante*

*et se perdre
heureux*

... ce qu'on tait tue

Aurore
excusez ce laisser aller
ce bien verbeux verbiage
pour le moment
ce que je sais me va
et si vraiment je voulais savoir
si vraiment j'osais
je sais que vous me le diriez
suffit de demander
mais j'attends
suffit de poser la question

je n'aurais pas eu le temps
de faire le compte de mes jours
le palmarès de mes colères
la liste infinie de mes manques
gravir une dernière fois
mes montagnes d'espérances mort-nées
je n'aurais pas eu le temps
d'ouvrir le gaz
pour que le monde ne me survive
ni cacher aux yeux du notaire
les traces de mes petits secrets
les lettres éplorées d'amours délaissées en plein vol
mes dettes jamais honorées envers la vie
je n'aurais pas eu le temps
de jeter au fossé les seaux de mes larmes croupies
versées sur mes petits malheurs
moi qui n'ai connu de la barbarie
qu'échos lointains portés par la rumeur
je n'aurais pas eu le temps
de bavarder ouzbek, aimer letton, chanter hindi
rire micmac inuktitut ou tagalog
de sauter à pieds joints dans une dernière flaque d'eau
vider le grenier
massacrer Chopin sur un piano bastringue
relire les chefs-d'œuvre que je n'ai jamais lus
je n'aurais pas eu le temps
de crier une ultime fois mon mépris
pour l'homme qui vend son frère
celui qui trahit
qui a oublié l'homme
et qui trahit encore
je n'aurais pas eu le temps
d'aimer
vraiment aimer

en aurais-je eu le temps...

… hier encore
tu étais celui qui…
- d'un œil distant -
ne faisait que passer
aujourd'hui
tu fais partie du lot pâle des élus
ici
tu te délaisses de toi-même
tu es le sac et le vide-ordure
et la voiture-balai
tu te déposes
entre les mains d'un autre
que tu ne connais pas
dont tu ne sais rien
si ce n'est que lui
l'autre
lui
elle
Aurore
sait
ce que tu ne sais pas
quand tu ne sais vraiment
si tu le veux savoir

dehors le soleil
et la vie qui va
qu'on ne veut troubler de ses petites misères
tellement banales
et banalement prévisibles
allez la vie !
vive toi !
et en attendant
tenir la cadence
mains ouvertes
frappant
la peau du monde
tendue
ne pas casser le rythme
des pouls des saisons
des alarmes
garder l'allure
ne pas sombrer
dans le marasme
des nécessités vaines
ne pas s'asseoir
aux portes du désert
pour regarder passer la vie
épouse répudiée
promise aux chacals et aux hyènes
puiser à la source des pleurs
les larmes nécessaires
pour se laver les yeux
collés par les sanies du temps
et tenir la cadence
la peau du monde
tendue
mains ouvertes
frappant

... Vous savez pourquoi vous êtes là ?
je n'ai pas la réponse
paralysé entre ses mains
habiles et tièdes
qui palpent
Vous permettez ?
qui cherchent l'erreur
la cerise dans le foin
l'aiguille dans le gâteau
Redressez-vous
et la devinent
et la trouvent parfois
Ce n'est pas grave pour le moment
elle a bien dit « pour le moment »
que pèse ce « moment »
quel est le contour de ce « moment »
peut-on mesurer ce « moment »
pour le moment
trop et trop peu
mais encore ?
Ils sont petits
ils sont donc là…
mais qui est là
encore devoir demander
maladroit
tenter de percer la vérité
avec ses pauvres outils émoussés
et pourtant je voudrais savoir
insister
oser
oui
la prochaine fois

*je ne finirai pas ma guerre
le compte à rebours a entamé sa marche
lente
besogneuse
implacable*

*yeux ouverts
jusqu'à la dernière bobine
je verrai la fin
mes yeux dans ses yeux*

*je sais le chemin borné
le suivre
sans pleurnicherie
ni aigreur
en prenant ce qui reste
comme cadeau
comme la vie
cadeau*

… j'aurais aimé lui dire
je ne fais que passer…
elle aurait souri Aurore
mais trop tard
le pied est dans la porte
le ver est dans la tête
le crabe en son domaine
On se voit dans un mois…
hier inconnus
nous voilà aujourd'hui complices
et sérieux comme les enfants dans la cour de l'école
qui jouent pour de mine
promis juré !
croix de bois croix de fer !
à la vie à la mort !
mais on n'est plus des enfants
on ne croit plus à l'enfer
on joue pour de vrai
le jeu n'est plus le même
de la vie… à la mort !
en aurais-je préféré un autre
il me va très bien ce jeu
ce jeu de l'oie
jeu de la loi
loi de la vie
et de la mort
avancez de trois cases
passez votre tour
rejouez
lancez-vous

le calendrier de ta vie
aux ailes repliées
pèse si peu de pages
tient si peu de place
que demain
le vent aura effacé
le décompte de tes jours
et le soleil
grand nettoyeur
aura rongé
ses plumes de papier
avant leur envol
empêché

… Aurore
devant moi à nouveau
intimes
à travers nos silences
et nos pudeurs
nos pudeurs aigres douces
sœurs et ennemies à la fois
nos pudeurs qui se guettent
se surveillent sans un mot
chacun sur son terrain
évitant la faute
et le carton rouge sang
elle analyse
elle se penche sur mes courbes
j'essaie de rester digne
peut-être que…
le peut-être est malvenu
attention Aurore
vous prenez des risques
la seule chose qui puisse nous tenir l'un et l'autre
l'un à l'autre
la confiance
je veux la sentir
je veux vous sentir forte
sans lézardes dans la phrase
sans scories dans le discours
soyez brève
soyez claire
comme un diamant
et comme un diamant
dure
s'il le faut

ne pas abîmer l'autre
tout est là
ne pas écorner l'autre
de ses frayeurs malvenues
l'heure n'est pas aux jérémiades
ne pas salir la vie
de ses baves de papier
ses larmes de coton
ses sueurs nocturnes
insomnies en sautoir
la vie te dépasse
tu le sais depuis longtemps
elle te délaissera comme elle t'a accueilli
sans poser de conditions
elle reste belle pour ceux qu'elle aime
pour eux
avec eux
aime-la !

… vous vous souvenez
la dernière fois c'était *pour le moment*
…
vos points en suspension
auraient pu me clouer comme une chouette
sur la porte des épouvantes
la réalité ne doit pas faire peur
puisqu'elle est
dans son évidence
et sa nécessité
inaltérable
c'est le dissimulé
l'inconnu
le caché
qui génèrent les sueurs et les peurs
allez au bout de vos phrases
Aurore
de vos pensées
Aurore
ou n'allez pas
évitez l'entre deux
qui n'existe pas
à la vie à la mort…
vous vous souvenez
hors la vie hors la mort
il n'y a rien
rien que faux semblant ou vrai mensonge
essayons de les éviter l'un et l'autre

*quoique nous rêvions
que nous fassions
ou ne fassions pas
quoique nous désirions
demain
dans une heure
nous ne ferons rien d'autre
qu'abandonner le monde
- comme notre maison –
en l'état*

… Aurore
il faut oser
sinon
il va falloir inverser les rôles
vous êtes jeune Aurore et vous en verrez d'autres
allez
osez
oubliez ce *pour le moment*…
enlevez ce *peut-être*…
les chiffres que vous avez devant les yeux ne parlent que
                                        pour moi
vous êtes leur porte-voix
vous les subissez
comme moi qui ne vous en veux pas
sentez-vous libre
je pense qu'il faudra bientôt…
c'est mieux Aurore
mais inutile d'hésiter
bien sûr cette prudence vous honore
vous ne prétendez pas tout savoir
sagesse diffuse
plutôt que science infuse
je vous en sais gré
mais il faut dire
le peu que vous savez
vous pensez donc que…
alors dîtes-le
qu'on en finisse avec ces hésitations
qu'on en finisse de tourner autour du pot
pas même de chrysanthèmes
j'ai donc changé de stade
de niveau
de catégorie
comme le boxeur qui a pris du poids

                                        …/…

j'ai réussi mon examen
positif
je serais passé du A au B
c'est au moins ça
c'est au moins que ça bouge
que ça vit
j'aurais mauvaise grâce de m'en plaindre
merci
c'est assez pour cette fois
on se revoit quand ?

chanter la fin n'est pas chanter le noir
- ni complaisance -
chanter la fin n'est pas chanter le vide
- ni renoncement -
qui rêverait d'une éternité assénée ?
quand l'heure approche
chaque minute est trésor à vivre
dans l'intensité des départs
ambroisie à écoper jusqu'à la dernière goutte
et le verre vide
la barque prête au voyage
quitter la terre ferme
se laisser emporter
au fil du courant
sous le regard mouillé des feuilles des frênes et des ormes
pendant que les oiseaux se rient
des échardes de soleil
que l'eau piétine à plaisir

… LA nouvelle…
étrange comme LA nouvelle
qui n'en était pas une
a glissé
sans soulever de poussière
brise aseptisée
une nouvelle sans paroles
une nouvelle sans nouvelle
un vent paralysé sur une bonace privée d'orage
un silence broyé dans le blanc des certitudes arithmétiques
vous avez compté
Aurore
compté sur vos doigts
Aurore
vos doigts de fée
Aurore
et les comptes n'étaient pas bons
mais ne nous emballons pas
nos spécialistes vont vérifier
une méprise est toujours possible
erreur de virgule
retenue oubliée
bourde grossière
coquille typographique
faites confiance à nos experts et contre experts
comptables et contre comptables
rien ne leur échappe
ni eux
ni vous

*abandonner à regret le livre de sa vie
la plume à la main
sans avoir corrigé les fautes
ni posé le point final
comme si nous en étions l'auteur
quand nous ne sommes que nègre
ployant sous la dictée*

attendue
espérée
LA nouvelle
comme si je l'avais souhaitée
pour ne pas me perdre
dans le piètre avenir promis
des affaissements
affichés sans pudeur
au fronton des défaites

attendue
espérée
LA nouvelle
pour fuir le troupeau
avant qu'il ne m'avale
et que je renonce
toute honte piétinée
à la traque illusoire et vitale du Sens

attendue
espérée
LA nouvelle
avant de m'en remettre
aux expédients rassis
aux illusions crasseuses
aux tricheries sordides
qui guettent le coureur de fond
quand la fatigue pèse

ne te laisse pas ronger par l'urgence
qu'as-tu à dire qui sauverait le monde
et te sauverait toi-même
quel chant pour sécher quelles larmes
vis plus
vis mieux
dans le quotidien des fruits partagés
et des complicités pastel
fuis la vulgarité du cri
l'obscénité de la plainte
et sous le soleil des évidences
poursuis d'un bon pas le chemin dont tu sais la fin
depuis le premier jour

… il me semble qu'il y a des lustres
que je ne vous ai vue
Aurore
et j'attends avec impatience
notre prochain tête-à-tête
il me semble avoir rêvé de vous
Aurore
mais rassurez-vous
la vie va son train
entre graphes du matin
nuits chahutées de blanc
et sensations que l'on s'invente
pour se rassurer
ou se faire peur à peu de frais
et je me dis les yeux dans mes yeux
évite le poids des remugles
et le sérieux qui tout écrase
efforce-toi de garder distance
entre ressassement complaisant
et flots de réminiscences obtuses
personne ne t'oblige à ces retours
qui s'accumulent
et s'étalent
puis s'effacent
et renaissent
ronds dans l'eau
échos de soies fauves
comme les sempiternelles doléances
des horizons de cendres
que le vent balaie
d'un coup d'aile

ce monde que nous habitons en lisière
et que demain
nous n'habiterons plus
que nous laisserons derrière nous
ce monde de maux et de plaisirs
ce monde ne change pas
nous le lisons chaque jour différent
sous un plein soleil de bonheur
dans l'obscurité de nos peurs
ou l'innocence de l'enfance
les affres des départs
écrasé par l'orage
ce monde ne change pas
il est pierre et arbre
et eau et nuit
et caverne et lune
depuis toujours
et c'est dans ce monde
que nous tentons d'exister
entre maux et plaisirs
et caverne et lune

… et pour ne pas te perdre
t'égarer dans la peur et le doute
avance au rythme du chemin
c'est ce que je me suis dit
en attendant vos aveux
Aurore
ne cours pas
foule sans te hâter les cailloux et les herbes
ils étaient là bien avant toi
et veilleront sur les paysages longtemps encore
comme le berger sur ses brebis longtemps après l'aurore
tes pas leur seront doux
s'ils t'ouvrent les yeux
sur la permanence des choses
et la morgue des urgences
Aurore vous voyez
même quand vous n'êtes pas là
vous êtes là
vous occupez l'espace
un coin de mon espace
dans le désordre des choses

le futur ne mourra pas avec toi
demain donnera d'aussi beaux matins
que ceux que tu gardes
au secret
rien ne changera de ce qui t'a nourri
que tu as craint
que tu aimas
mais l'envol te sera plus doux
si tu sais chaque homme
comme toi
unique
et comme toi
semblable
à tous les hommes

… faites quelque chose Aurore
la nostalgie me guette
avec ses mastications inutiles
et toujours de mauvais goût
il serait temps de revenir à ce qui nous occupe
nous préoccupe
nous réunit
la densité des heures
et le poids des attentes
mais pour cela
il vous faut être ferme Aurore
je sais
vous pratiquez un art aux fondements fragiles
un art de l'esquisse
c'est pourtant sur cet art
que je dois m'appuyer
pour tenter d'y voir plus clair
dans l'inconnu des lendemains
et l'incertitude du fugace

au fait
passons au fait

je m'effacerai d'impatience
puisqu'il en est ainsi
qu'advienne ce qui doit
à son heure
je quitterai la salle
resterai un moment
derrière la porte
pour entendre rire et chanter
et je partirai
apaisé
serein
assuré qu'elle continue
belle et bonne
la vie

… maintenant que les choses sont dites
qu'elles avancent !
l'heure n'est plus aux reculades
ni aux pas de côté
que chacun abatte ses cartes
Aurore
vous
moi
elle
elle est là
la marée monte
pas de porte de sortie
pas de fuite possible
je ne suis pas pressé
je ne vais pas sauter pour devancer l'appel
pas encore
pas déjà
mais rien n'est pire que le surplace
vous le savez
l'immobilité c'est la grande fatigue
je ne veux pas de cette fatigue-là
non je veux me lever et la voir venir
pas à pas
chaque jour un peu plus présente
un peu plus pressante
il sera temps alors
si nécessaire
de plonger pour se perdre enfin
et la moquer une fois
une ultime fois
la seule

*je ne pars pas
depuis longtemps j'ai perdu le goût de l'errance
ma valise sèche au grenier
sous la poussière des années
je ne pars pas
l'indolence des nuages suffit à mes rêves
je ne pars pas
tant s'en vont qui reviennent
enluminés d'ennui
je ne pars pas
la maison est ouverte
un ami doit venir
alors pourquoi partir
je ne pars pas
un loriot me regarde
que j'aimerais suivre des yeux
longtemps
je ne pars pas
des papiers en désordre
encombrent ma chambre
je ne pars pas
je n'ai pas terminé ma phrase
je ne pars pas
j'aimerais terminer ma phrase
je ne pars pas
pourquoi dire au revoir
puisque je ne pars pas
je ne pars pas
le chemin s'arrête
le temps s'oublie
je ne pars pas
demain ne serai plus
tout simplement*

... la vie se termine estuaire
Aurore
large
ouverte
offerte aux vents
du sable plein les berges
du rêve venu des océans

la vie s'efface sémaphore
lançant ses derniers feux
messages ultimes et vains
aux rares bateaux qui se souviennent

la vie s'épuise iceberg
dans la chaleur des fièvres
le confort des oreillers
et les sourires de l'infirmière

la vie s'achève symphonie
sous la baguette qui s'accroche
à la ronde finale
et danse avec les violons

la vie s'abîme
Aurore
s'excusant de la gêne
des cérémonies obligées
des condoléances feintes
des frais
du temps passé
avant qu'à nouveau
elle s'estuaire
se sémaphore
s'icebergue
se symphonise...

vivre

la main sur le cœur de l'hiver
écouter battre la froidure
vibrer aux spasmes de la terre
le souffle du vent dans le creux bleu des épissures
au plus près de la pierre
boire l'ombre à pleins seaux
se saouler de lumière
trouer l'air de chants de victoire
habiter l'eau des mers
y bâtir des palais
faire l'amour aux sirènes
les sens ouverts entraves en bandoulière
caresser de sa peau les écorces des jours
fustiger les attentes
épouser l'impatience des sources et la langueur des aurores
de toutes ses forces
être de tout son corps

… vous me le dites simplement
On ne se verra plus
ça vous osez le dire
et si c'était le plus difficile
pour moi
à entendre
Je m'en vais
il est plus douloureux d'être quitté
que de quitter
vous le savez
vous inversez les rôles
sans me demander
ainsi
vous partez vers d'autres cieux
vous qui vouliez aller vite
vous qui aviez fourbi vos armes
vous qui me demandiez d'y aller
sabre au clair
dans un protocole
rien que pour moi
écrit pour moi
vous signerez ici quand vous l'aurez lu
et le rapporterez la prochaine fois
vous partez
et me laissez
au milieu d'un champ pas encore de bataille
dans la banalité d'une rase campagne
qui attend son lot
de tambour et de sang
je ne sais que vous dire
ou je le sais très bien
je n'ai rien
à vous dire
rien

tout devient dérisoire
dans l'imminence de l'exil
quand nous savons que nous ne reviendrons plus
il faut pourtant nettoyer la maison
ranger les livres épars sur le tapis
trouver la force de partager
- jusqu'à l'ultime bouteille -
tout ce qui fut partagé dans l'amitié des rires
et la confiance qui n'a pas besoin de se dire
ne pas arrêter l'effort avant la ligne d'arrivée
franchie
sous les vivats des larmes
vite taries

… Aurore
avant qu'il soit trop tard
un cadeau pour vous Aurore
un cadeau venu de mes premières amours
une chanson
comme une valse lente
pour vous Aurore

déjà envolée

*et s'en aller
sans abîmer
la vie qui va
vie de ceux qui
vivent la vie
vie devant soi*

*laisser la vie
aller de soi
pour tous ceux qui
- qui que ce soit -
aiment la vie
la vie qui va*

*aimer la vie
quand elle est là
quand elle sourit
et quand tout va
tout à l'envi
va d'un bon pas*

*la vie jolie
quand les enfants rient
sous les draps
quand mai revit
lumière et joie
rose et lilas*

*quand dans la nuit
sous les frimas
la lune luit
que tous les chats
sont gris les chats
les chats… la nuit*

…mais   …/…

*l'aimer aussi
quand elle s'enfuit
quand elle s'en va
à petits pas
pas tout petits
tout petits pas*

*eh oui la vie
ne revient ja-
mais sur ses pas
la vie qui suit
le courant qui
mène là-bas*

*loin tout là-bas
si loin d'ici
dans l'au-delà
au-delà qui
n'est que l'oubli
l'oubli de soi*

*quand c'est fini
et ni ni ni
ne pleure pas
mélancolie
c'est ça la vie
qui vient qui va*

*la vie c'est ça
bientôt partie
déjà plus là
c'est ça la vie
adieu la vie
... reviendra pas*

… vous m'avez laissé orphelin
Aurore
orphelin d'une vie
que vous ne savez plus
mais
que je sais
en miettes
et vous
absente
qui ne saurez m'aider
à nettoyer la nappe
mais qu'importe
bien sûr je ne vous en veux pas
la vie
votre vie
jeune Aurore
je vous la souhaite
lumière
soleil toujours levé
bleue

*te voilà sur le quai
le train est annoncé avec retard
la salle d'attente est pleine de rumeurs
de cris d'enfants
de pleurs de femmes
ne t'en mêle pas
n'ajoute aux bruits de fond du monde
qui ne disent rien
l'inutile et le vain
ne laisse pas le tumulte de tes colères diffuses
étouffer tes silences
noie tes ressentiments dans l'eau claire du rire
mais ne laisse pas le rire
- pas même le rire -
étouffer tes silences*

… seul
n'est-ce pas
Aurore
la meilleure compagnie
pour voyager
léger

se détacher de soi
s'échapper du monde
et le voir s'effacer lentement
comme en un majestueux envol
les sables qui se noient
l'herbe qu'on ne peut plus lire
les cris et les rires vite insaisissables
les forêts abolies
les océans miroirs
jouir de cet ultime essor
au gré des vents
et se retirer
au fond de son endormissement
tout en haut de soi

cela est vivre
s'en aller
revenir
attentes
renvois
détours

                cela est vivre
                mille fois fouler
                les mêmes routes
                et mille fois
                la cruauté
                des vents malins

cela est vivre
tenir les horizons
à bras le corps
et s'endormir
sous l'ombre lasse
du même arbre

                cela est vivre
                pendre à la Croix du sud
                ses espérances
                et les immoler
                aux petits matins
                mort-nés

cela est vivre
sentir en soi
la patience du serpent
et dérouler sa peine
au creux d'une main
les cals du mépris

                    cela est vivre
                    mordre la vie
                    la dévorer
                    un haut le cœur
                    et l'abandonner
                    aux oiseaux

cela est vivre
sous les nuages
relever la tête
et tomber mort
devant des dieux
à toujours recrucifier

… au r (or) evoir

si possible
- ce sera là mon ultime exigence -
ne dressez pas
derrière la pièce d'eau
au bout de la promenade
ne dressez pas
je vous en prie
sur piédestal
ma statue
n'érigez rien qui me ressemble
que je ne rougisse
devant le premier baiser
échangé du bout des lèvres
par deux amoureux timides
cachés dans la pénombre
entre mes pieds de bronze

savoir absoudre
l'absolu
de l'absence

Tours - Candes-Saint-Martin
novembre 2015 / mai 2016

Achevé d'imprimer en avril 2019
Pour le compte de Z4 Editions

www.ingramcontent.com/pod-product-compliance
Lightning Source LLC
Chambersburg PA
CBHW020021050426
42450CB00005B/576